LECTURES CLE EN FRANÇAIS FACILE

LANCELOT

CHRÉTIEN DE TROYES

Adapté en français facile
par Brigitte Faucard-Martinez

ISBN : 978 209 031858 6

Chrétien de Troyes naît vers 1135, probablement en Champagne.

Il commence à écrire vers 1155-1160.

Protégé de Marie de Champagne et de Philippe d'Alsace, il écrit de nombreux romans dont les plus célèbres sont les suivants : *Érec et Énide, Cligès ou la Fausse Morte, Yvain ou le Chevalier au lion, Lancelot ou le Chevalier de la charrette* et *Perceval ou le Conte du Graa*l, son dernier roman, qui reste inachevé.

Il meurt vers 1190.

***

Pour écrire *Lancelot*, Chrétien de Troyes s'inspire, comme certains écrivains du Moyen Âge, du thème breton[1], c'est-à-dire de la légende du roi Arthur.

Dans son royaume de Logres, le roi Arthur, marié à la reine Guenièvre, s'entoure de chevaliers. Il les rassemble tous autour de la Table Ronde* ; parmi eux

1. Breton : ici, ce mot fait référence à la Grande-Bretagne et non à la Bretagne, région du nord-ouest de la France.

se trouvent Lancelot, Gauvain, Perceval... Mais pour mériter l'honneur de continuer à prendre place à la Table Ronde, tous ces grands hommes doivent montrer leur vaillance[1] en entreprenant toutes sortes d'aventures.

Ce sont deux de ces chevaliers, Gauvain et surtout Lancelot, que nous retrouvons dans ce roman de Chrétien de Troyes, écrivain qui est considéré comme un des plus grands auteurs du Moyen Âge.

---

1. Vaillance : courage, surtout au combat.

Les mots ou expressions suivis d'un astérisque* dans le texte sont expliqués dans le Vocabulaire, page 57.

Principaux personnages du roman

ARTHUR : roi du royaume de Logres.

BADEMAGU : roi du royaume de Gorre.

GAUVAIN : chevalier et neveu du roi Arthur.

GUENIÈVRE : épouse du roi Arthur. Elle est aimée de Lancelot et l'aime également.

KEU : sénéchal du roi Arthur.

LANCELOT : chevalier du roi Arthur.

MÉLÉAGANT : fils de Bademagu ; il enlève la reine Guenièvre.

PISTE 2

En ce jour d'Ascension[1], le roi Arthur donne un grand festin dans son château. Il y a dans la magnifique salle beaucoup de barons* et de belles dames et tous mangent et parlent avec entrain.

Soudain, un chevalier* superbement équipé et armé fait son entrée dans la salle. Il s'avance vers le roi et, sans le saluer, il lui dit :

– Roi Arthur, je retiens prisonniers dans mes terres un grand nombre d'habitants de ton royaume; mais je ne parle pas d'eux pour te les rendre : au contraire, je veux te faire savoir que tu n'as ni la puissance ni la richesse nécessaires pour les libérer. Et il en sera ainsi jusqu'à ta mort.

– Ce que vous dites est vrai, répond le roi, et cela me tourmente[2] vivement.

Alors le chevalier fait semblant de s'en aller. Mais, arrivé à la porte de la grande salle, il se retourne et dit au roi :

– Roi, s'il y a à ta cour un chevalier, un seul, à

---

1. Ascension : fête chrétienne qui rappelle l'élévation miraculeuse de Jésus-Christ dans le ciel après sa résurrection.
2. Tourmenter : inquiéter terriblement.

qui tu peux confier la reine pour la conduire après moi dans le bois où je vais, je l'y attendrai et je te fais le serment* de te rendre tous les prisonniers s'il parvient à me vaincre et à ramener la reine.

Ces mots provoquent un grand tumulte[1] dans la salle.

La nouvelle parvient aux oreilles du sénéchal* Keu, qui déjeune à part avec des officiers de bouche* : il interrompt son repas, se précipite vers le roi et lui dit :

– Sire*, laissez-moi accompagner la reine dans le bois où le chevalier nous attend. Ne craignez rien, je vous la ramènerai saine et sauve[2] et en parfait état.

Le roi ne peut refuser, à sa grande tristesse. Il lui confie donc la reine et Keu l'emmène.

Tous les assistants au festin sortent pour les voir partir. Beaucoup pleurent car ils pensent qu'ils ne reverront jamais la reine. Le sénéchal, homme trop orgueilleux, a peu de chance de réussir.

C'est alors que messire* Gauvain dit tout bas au roi, son oncle :

– Sire, vous avez agi comme un enfant en laissant partir la reine avec Keu. Si vous le voulez bien, je crois que nous devons les suivre, vous et moi, pour savoir ce que la reine va devenir et comment Keu va se comporter.

---

1. Tumulte : grand bruit, agitation.
2. Sain et sauf : en bon état physique après avoir couru un danger.

– Allons-y, gentil neveu, répond le roi, vous venez de parler comme un bon chevalier.

On prépare rapidement les chevaux de Gauvain et du roi.

Messire Gauvain s'arme de pied en cap[1] et les deux hommes partent sur les traces de Keu, suivis de loin par les barons.

Alors qu'ils approchent de la forêt, ils voient venir le cheval de Keu, sans cavalier. Il est couvert de sang. Keu a été vaincu et la reine enlevée.

***

Sans hésiter Gauvain, prenant un autre cheval avec lui, part au galop pour retrouver la reine. Il voit bientôt venir un chevalier qui avance au pas sur un cheval fourbu[2]. Le chevalier salue messire Gauvain qu'il a reconnu. Il s'arrête et lui dit :

– Sire, vous voyez que mon cheval est épuisé. Je crois que les deux chevaux qui sont avec vous vous appartiennent. Je vous prie donc, en vous faisant le serment de vous rendre un jour un service identique, de m'en prêter ou de m'en donner un.

– Choisissez celui que vous préférez.

Mais le chevalier ne prend pas le temps de choisir. Il saute sur celui qui se trouve le plus près

1. De pied en cap : complètement.
2. Fourbu : épuisé, très fatigué.

de lui et part au galop. Messire Gauvain décide de le suivre.

Assez longtemps après, il retrouve mort le cheval qu'il a donné au chevalier inconnu. Ce dernier est tombé dans une embuscade[1].

PISTE 4

Gauvain reprend sa route et finit par apercevoir de nouveau le chevalier qui marche seul, à pied, tout armé avec son heaume*, son écu* au cou et son épée sur le côté. Il vient d'atteindre une charrette.

Dans toutes les villes il y a une charrette. Elles servent à promener dans les rues les meurtriers, les voleurs et les traîtres[2]. Celui qui y monte est déshonoré et, dans toutes les cours, on refuse de lui faire bon accueil.

Le chevalier inconnu dit au nain[3] qui conduit la charrette :

– Nain, je t'en supplie, dis-moi si tu as vu ma dame la reine passer par ici.

Le nain, qui est un mauvais homme, lui répond :

– Monte dans la charrette et demain tu sauras ce que la reine est devenue.

---

1. Embuscade : on prépare une embuscade en cachant une troupe à un endroit favorable pour attaquer l'ennemi. Ce dernier tombe alors dans l'embuscade.
2. Traître : personne qui passe du côté de l'ennemi.
3. Nain : homme anormalement petit.

Et il poursuit son chemin. Après une courte hésitation, le chevalier saute dans la charrette.

Messire Gauvain, qui arrive à ce moment, est très surpris de trouver le chevalier dans la charrette. Il demande au nain :

– Nain, dis-moi où se trouve la reine, si tu le sais.

– Si tu as aussi peu d'amour pour toi-même que ce chevalier qui est assis ici, répond le nain, monte à côté de lui et je vous conduirai l'un et l'autre.

Messire Gauvain refuse.

– Je te suivrai là où tu iras, dit-il au nain.

Alors ils se mettent en route, Gauvain à cheval et les deux autres dans la charrette.

Le soir, ils arrivent près d'un château d'une grande richesse et en franchissent tous les trois la porte. Les habitants de l'endroit sont très surpris en voyant le chevalier dans la charrette.

– Dis-nous, nain, quel crime a commis cet homme pour être conduit ainsi ? demandent-ils.

Mais le nain refuse de répondre. Il conduit le chevalier dans la tour où il doit se loger. Gauvain les suit de près.

Le chevalier, toujours suivi de Gauvain, entre dans la grande salle de la tour. Là, ils rencontrent une demoiselle d'une grande beauté.

Elle leur sert un excellent dîner puis elle leur

fait préparer, au milieu de la salle, deux lits hauts et longs. Au moment d'aller se coucher, elle prend les deux jeunes gens par le bras et les conduit vers les lits en disant :

– C'est pour vous que ces deux lits ont été préparés. Mais dans celui qui est devant nous, seul peut dormir quelqu'un qui doit le mériter. Vous, qui venez de la charrette, vous ne pouvez pas l'occuper. D'ailleurs, si vous le faites, il vous arrivera des choses désagréables.

– C'est ce que nous allons voir, répond le chevalier de la charrette.

Il quitte ses chausses* et se couche dans le lit, qui est très confortable.

À minuit, une lance* très pointue tombe brusquement du toit et va se planter dans le lit, juste à côté du chevalier. À la lance est fixé un drapeau enflammé. Le feu se communique bientôt aux draps et au lit tout entier. Le chevalier se redresse, éteint le feu, saisit la lance et la jette au milieu de la salle, sans quitter son lit. Puis il se rendort tranquillement.

***

Le lendemain matin, après avoir mangé, le chevalier va regarder par la fenêtre, tandis que Gauvain parle avec la demoiselle. Devant lui s'étendent des champs traversés par une rivière.

Soudain, près de la rivière, il voit passer des chevaux. Sur l'un d'eux, le chevalier reconnaît la reine Guenièvre. Gauvain l'a vue lui aussi. Ils décident de la suivre. La demoiselle donne un cheval au chevalier inconnu et les deux hommes partent aussitôt.

Ils traversent un champ puis entrent dans une forêt. Ils chevauchent[1] pendant très longtemps sans rien trouver. Enfin, quand le jour va tomber, ils rencontrent une jeune fille. Ils la saluent tous les deux et lui demandent de leur dire où on a emmené la reine. Elle leur répond :

– Si vous jurez de me rendre un jour le service que je vous fais aujourd'hui, je peux vous dire le nom de la terre où on l'emmène et celui du chevalier qui l'a enlevée. Mais il faudra énormément de courage à celui qui voudra entrer dans ce pays car, avant d'y arriver, il devra beaucoup souffrir.

Les deux chevaliers acceptent de la servir quand elle en aura besoin.

– Alors, dit-elle, je vais vous dire de qui il s'agit. C'est Méléagant, un chevalier d'une grande force, fils du roi de Gorre, qui l'a faite prisonnière et conduite dans ce royaume dont aucun étranger ne revient.

– Demoiselle, où est cette terre ? demande le chevalier de la charrette. Quel est le chemin qui y mène ?

---

1. Chevaucher : aller à cheval.

– Je vais vous le dire, répond-elle. Mais, sachez-le bien, sur votre route vous trouverez de nombreux obstacles, car on n'entre pas facilement dans ce pays si on n'a pas la permission du roi, qui s'appelle Bademagu. Cependant, on peut y pénétrer par deux routes dangereuses qui mènent à deux passages encore plus dangereux. L'un s'appelle le Pont-sous-les-eaux, car il est entièrement sous l'eau. C'est le plus facile des deux. L'autre pont est plus difficile d'accès et c'est aussi le plus dangereux : personne ne l'a jamais franchi car il coupe comme une épée. C'est pourquoi tout le monde l'appelle le Pont-de-l'épée.

Puis elle leur montre les deux routes.

Le chevalier inconnu dit alors à Gauvain :

– Sire, choisissez la route que vous préférez, moi je prendrai l'autre.

– Ma foi, dit messire Gauvain, ces deux passages ont l'air fort dangereux et je ne sais lequel choisir. Mais, puisque vous me donnez le choix, je prends le Pont-sous-les-eaux.

– Alors, je vais me rendre sans discuter au Pont-de-l'épée, répond l'autre.

Ils remercient la jeune fille, lui disent adieu et chacun s'éloigne dans la direction qu'il a choisie.

***

PISTE 7

Le chevalier de la charrette galope depuis longtemps déjà lorsqu'il arrive à une rivière qu'on peut traverser par un gué[1]. De l'autre côté du gué, un chevalier armé monte la garde.

Le chevalier, qui veut faire boire son cheval, galope rapidement jusqu'au gué. C'est alors qu'une voix dit :

– Chevalier, je garde ce gué et je vous interdis d'y entrer.

Mais le chevalier, qui est perdu dans ses pensées, ne l'entend pas et se précipite vers l'eau. Alors le gardien lui crie :

– Laisse ce gué, car tu n'as pas le droit de le traverser.

Le chevalier, qui ne pense qu'à la reine, ne l'entend toujours pas et continue à avancer dans l'eau.

– Tu vas payer cher ton insolence[2] et ni ton écu ni ton haubert* ne pourront te protéger, lui crie le gardien.

Il lance son cheval au galop, se précipite sur le chevalier et le frappe si violemment que ce dernier tombe dans l'eau. C'est alors qu'il aperçoit le gardien.

– Pourquoi m'avez-vous frappé ? demande le chevalier.

– Je t'ai dit deux fois de ne pas entrer dans le gué et tu n'as pas voulu m'écouter. Tu devras

---

1. Gué : endroit d'une rivière où le niveau de l'eau est bas, ce qui permet de la traverser à pied.
2. Insolence : manque de respect.

payer pour ton audace.

– Mais je ne vous ai ni vu ni entendu ! Si d'une main je pouvais saisir votre cheval...

– Qu'est-ce qui m'arriverait ? demande le gardien.

Et, sans attendre la réponse, il se précipite à nouveau vers le chevalier. Celui-ci, vif comme l'éclair, lui saisit une jambe et la tire avec une telle violence que l'autre tombe à terre. Alors, un dur combat s'engage entre les deux hommes. Ils se donnent des coups terribles mais le chevalier est le plus fort. Le gardien du gué finit par prendre peur et préfère s'enfuir plutôt que de continuer à se battre.

Voyant cela, le chevalier remonte sur son cheval et se remet en route.

***

Le soir venu, le chevalier rencontre une demoiselle qui vient dans sa direction. Elle est très bien vêtue et fort belle. Elle le salue et lui dit :

– Sire, je vous offre de passer la nuit dans mon château si, suivant les coutumes qui sont établies au royaume de Logres, vous acceptez demain de m'emmener avec vous et de m'escorter[1].

---

1. Escorter quelqu'un : accompagner quelqu'un pour le guider et le protéger.

En effet, la coutume veut que, quand un chevalier rencontre une demoiselle qui est seule, il doit la traiter avec respect et accepter de l'escorter si elle le demande.

Le chevalier de la charrette accepte donc l'hospitalité et les conditions de la demoiselle.

Le lendemain matin, ils se mettent en route.

Tout au long du chemin, la demoiselle cherche à engager la conversation mais le chevalier reste muet et semble toujours plongé dans ses pensées.

Ils passent près d'une fontaine. Sur son bord, quelqu'un a oublié un peigne en ivoire[1] et en or. Des cheveux blonds y sont accrochés, qui brillent au soleil.

– Jamais je n'ai vu un si beau peigne, dit le chevalier en le voyant.

– Donnez-le-moi, demande alors la jeune femme.

– Avec plaisir, demoiselle.

Il se penche de son cheval et le prend. Quand il le tient entre ses mains, il le regarde longuement et semble en admiration devant les cheveux. La demoiselle se met à rire. Il lui demande de lui dire pourquoi elle rit. Mais elle lui répond :

– Ne me posez pas de questions ; je ne vous répondrai pas maintenant.

– Pourquoi ?

---

1. Ivoire : matière de couleur blanche. (Les défenses des éléphants sont en ivoire.)

– Parce que je n'en ai pas envie !

À ces mots, le chevalier la supplie de lui répondre.

– Bien, finit-elle par dire, je vais vous le dire sans vous mentir. Ce peigne appartient à la reine. Et, croyez-moi, ces cheveux que vous voyez, si beaux, si blonds et si brillants sont bien ceux de la reine.

– Par ma foi, dit le chevalier, il y a beaucoup de rois et de reines. De laquelle voulez-vous parler ?

– Par ma foi, sire, de la femme du roi Arthur !

En entendant ces mots, le chevalier est si ému qu'il doit s'appuyer à la selle de son cheval pour ne pas tomber. La demoiselle le voit si pâle qu'elle croit qu'il va perdre connaissance. Elle saute à terre et court vers lui pour le retenir. Quand il la voit se précipiter ainsi, le chevalier se sent tout honteux et il lui demande :

– Qu'êtes-vous venue faire ici, devant moi ?

La jeune fille ne lui dit pas la vraie raison. Elle lui répond :

– Sire, si je suis descendue à terre, c'est pour venir chercher ce peigne car j'ai très envie de le garder.

Le chevalier le lui donne après en avoir retiré les cheveux avec une telle douceur qu'il n'en casse pas un seul. Il les caresse, les porte à ses yeux, à sa bouche, à son front ; il est fou de joie de les posséder : ils sont devenus sa richesse. Il les place entre sa chemise et sa peau, près de son cœur.

La demoiselle remonte sur son cheval en serrant le peigne entre ses mains et le chevalier, pour sa part, est heureux de presser les cheveux contre son cœur. Ils quittent le pré et pénètrent dans une forêt.

Ils chevauchent jusqu'à midi à travers la forêt et arrivent enfin dans une prairie. Ils aperçoivent alors une église dans un endroit magnifique. Un cimetière entouré de grands murs se trouve près de l'église. Le chevalier descend de cheval et entre dans l'église pour prier Dieu pendant que la demoiselle tient son cheval. Quand, après sa prière, il se dirige vers la porte, il voit venir à lui un moine[1] très vieux. Le chevalier lui demande s'il peut voir le cimetière.

– Je vais vous y conduire, répond le moine.

Alors le moine le conduit au cimetière et le guide entre les tombes. Sur chacune sont gravées des lettres qui indiquent le nom de celui qui y sera couché un jour. Le chevalier de la charrette commence alors à lire tous les textes.

Il lit ainsi :

---

1. Moine : religieux chrétien.

ICI REPOSERA GAUVAIN ET ICI YVAIN.

Après ces deux noms, il en lit beaucoup d'autres : tous sont ceux de brillants chevaliers. Parmi les tombes, il en voit une qui est particulièrement belle. Il appelle alors le moine et lui demande :

– Pour qui sont ces tombes ?

– Vous avez lu ce qui est écrit dessus, vous savez donc à qui elles sont destinées.

– Mais la plus grande d'entre elles, dites-moi à quoi elle sert ?

– Je vais vous dire ce que j'en sais. C'est la plus belle de toutes les tombes. On dit que l'intérieur est encore plus beau, mais vous ne le verrez pas. Il faut en effet au moins sept hommes grands et forts pour l'ouvrir car elle est recouverte d'une dalle[1] très lourde. Elle porte d'ailleurs une inscription qui dit ceci :

CELUI QUI SERA CAPABLE
DE SOULEVER CETTE DALLE
LIBÉRERA TOUS CEUX QUI SONT PRISONNIERS
AU ROYAUME DONT PERSONNE NE REVIENT.

---

1. Dalle : ici, plaque de pierre qui recouvre une tombe.

Aussitôt, le chevalier de la charrette saisit la dalle et la soulève sans aucun effort. Le moine ne peut croire ce qu'il voit.

– Sire, j'ai grande envie de connaître votre nom. Acceptez-vous de me le dire ?

– Non, je refuse de le faire, répond le chevalier de la charrette.

Puis il rejoint la demoiselle en compagnie du moine.

Tandis que la demoiselle monte à cheval, le moine lui raconte ce que le chevalier vient de faire et il lui demande son nom. Mais la jeune fille lui avoue qu'elle ne le connaît pas.

– Il va délivrer la reine et, avec elle, tous les autres prisonniers. Croyez-moi, c'est le plus grand des chevaliers.

La jeune fille part rejoindre le chevalier qui est déjà loin devant elle. Ils chevauchent l'un à côté de l'autre. Elle lui demande alors son nom avec une telle insistance qu'il finit par lui répondre :

– Je suis né au royaume du roi Arthur, c'est tout ce que je peux vous dire.

Alors la demoiselle lui demande la permission de le quitter, ce qu'il lui accorde avec grand plaisir.

La demoiselle s'en va et le chevalier chevauche seul jusqu'à la tombée de la nuit. C'est

alors qu'il aperçoit un chevalier qui sort d'une forêt où il a chassé. Ce vavasseur* s'avance rapidement vers le chevalier de la charrette et lui propose de le loger chez lui :

– Sire, il va bientôt faire nuit ; il est temps de trouver où dormir. Je serais très heureux de vous accueillir chez moi.

– Et moi de venir chez vous, répond le chevalier.

Ils poursuivent ensemble leur chemin vers la maison du vavasseur. Celui-ci a pour épouse une dame très aimable, cinq fils qu'il aime beaucoup, dont deux sont déjà chevaliers, et deux filles belles et charmantes. Ils sont tous nés au royaume de Logres mais ils sont prisonniers depuis longtemps déjà à Gorre.

Tous font un très bon accueil au chevalier et ils lui servent un excellent dîner. À la fin du repas, le vavasseur demande au chevalier d'où il vient mais il ne cherche pas à savoir son nom.

– Je suis du royaume de Logres, répond le chevalier, et c'est la première fois que je viens dans ce pays.

Quand le vavasseur entend cette réponse, il est très triste et il dit au chevalier :

– C'est pour votre malheur que vous y êtes venu. Comme nous, vous allez perdre à jamais votre liberté car vous ne pourrez pas sortir de ce pays.

– J'espère pouvoir y parvenir !

– Comment ? Vous croyez pouvoir en sortir ?

– Mais oui. Du moins, je ferai tout pour cela.

– Alors tous les prisonniers qui y sont pourront sans peur partir librement, car il suffit qu'un seul d'entre nous se libère par un combat loyal[1], pour que tous quittent à jamais ce royaume.

Alors le vavasseur se souvient d'un bruit qui court dans le pays : un chevalier de grande valeur, dit-on, est arrivé pour porter secours à la reine que Méléagant, le fils du roi, retient prisonnière.

« J'ai l'impression que c'est lui », se dit-il. Puis, s'adressant au chevalier, il ajoute :

– Sire, j'ai l'impression que c'est pour sauver la reine que vous êtes venu dans ce pays. Est-ce que je me trompe ?

– Je n'y suis pas venu pour autre chose, lui répond le chevalier de la charrette. Je ne sais où se trouve la reine mais je ferai tout pour la sauver.

Les fils aînés du vavasseur ont écouté la conversation. L'un d'eux s'avance vers leur père et il lui dit :

– Sire, si cela ne vous ennuie pas, je vais accompagner ce seigneur.

Alors, son frère se lève aussi et dit :

– J'irai moi aussi.

---

1. Loyal : qui est fidèle à ce qu'il a promis.

Le père leur donne la permission d'accompagner le chevalier.

Ils décident alors tous d'aller se reposer pour se mettre en route tôt le lendemain matin.

Au lever du jour, le chevalier fait ses adieux au vavasseur et, suivi des deux courageux jeunes hommes, il se dirige vers le Pont-de-l'épée.

Ils chevauchent tout le jour sans vivre une seule aventure. Après avoir traversé une forêt, ils voient un manoir*, et une femme, qui est assise à la porte, leur propose de dîner et de dormir. Le chevalier accepte aussitôt en la remerciant. Le mari et les enfants de la femme se réjouissent aussi d'avoir des invités.

Ils se mettent à table. Ils ont à peine commencé le premier plat qu'un événement inattendu survient : un chevalier, plus orgueilleux qu'un taureau, se présente à la porte de la maison. Sans descendre de son cheval, il s'avance vers la table et il dit :

– Lequel d'entre vous est assez fou et assez orgueilleux pour entrer dans ce pays et croire pouvoir franchir le Pont-de-l'épée ?

Le chevalier de la charrette lui répond alors calmement :

– C'est moi.

– Toi ? Toi ? Avant de te lancer dans une telle

aventure, il fallait réfléchir et te rappeler la charrette dans laquelle tu es monté. Après avoir subi une telle honte, comment peux-tu croire que tu vas réussir une chose si difficile ?

Le chevalier de la charrette préfère ne pas répondre aux attaques de l'inconnu.

– Chevalier, m'as-tu entendu ? Tu ne passeras pas le pont.

Le chevalier de la charrette continue à ne rien dire.

– Tu ne veux pas m'écouter, dit l'autre, alors tu vas devoir sortir dehors et te battre avec moi.

Et, sur ces mots, il sort.

Le chevalier de la charrette va chercher ses armes et, suivi des deux jeunes gens qui le servent, il va retrouver l'homme qui vient de le provoquer.

Dès qu'ils sont face à face, ils s'élancent l'un contre l'autre et commencent à se donner de violents coups d'épée. Ils se battent avec une telle rage qu'ils se blessent à de nombreux endroits. Tous les gens du manoir sont là à les regarder, ce qui fait redoubler la colère du chevalier de la charrette : il veut vaincre son ennemi devant ces gens qui l'ont si bien accueilli. Alors, il attaque de plus en plus fort et finit par faire reculer son adversaire qui, bientôt impuissant devant la force de l'autre, demande grâce[1].

---

1. Demander grâce : demander à être pardonné.

– Je dois vraiment te faire grâce ? demande le chevalier.

– C'est en effet ce que je désire, répond le vaincu.

– Alors, tu devras d'abord monter sur une charrette. C'est tout ce que tu peux faire pour obtenir ma grâce.

– Non ! Je n'y monterai jamais ! répond le chevalier inconnu.

– Ah non ? dit le chevalier de la charrette, eh bien, tu vas mourir !

– Sire, vous avez le droit de me tuer mais, au nom du ciel, je vous supplie de m'accorder grâce sans m'obliger à monter dans la charrette.

C'est alors qu'arrive une jeune fille montée sur un âne. Elle s'adresse au chevalier de la charrette et lui dit :

– Chevalier, je suis venue de très loin en me pressant pour te demander une faveur[1] ; si tu acceptes, tu en seras récompensé car je pense qu'un jour tu auras besoin de mon aide.

– Dites-moi ce que vous désirez et, si je peux vous aider, je le ferai immédiatement.

– Ce que je veux, répond la jeune fille, c'est la tête de ce chevalier que tu as vaincu car c'est l'homme le plus cruel du monde. Tu feras un acte juste en le tuant.

---

1. Faveur : service, aide.

Quand le vaincu entend la demoiselle demander sa tête, il se met à supplier le chevalier.

– Ne la croyez pas car elle me déteste.

– Ne l'écoutez pas, hurle la jeune fille. C'est l'être le plus mauvais qui puisse exister, je vous l'ai dit.

Le chevalier de la charrette est bien embarrassé. Après avoir réfléchi, voilà ce qu'il décide :

– Chevalier, dit-il à son adversaire, nous allons reprendre le combat. Si, cette fois encore, je gagne, tu mourras sur-le-champ[1].

– Je suis d'accord, répond l'autre.

Ils reprennent donc le combat avec rage. Mais, cette fois, le chevalier de la charrette vient à bout[2] de son adversaire bien plus facilement et rapidement qu'il ne l'a fait la première fois. Aussitôt la demoiselle lui crie :

– Tu ne dois pas avoir pitié de lui, chevalier. Coupe la tête à l'être le plus cruel du royaume et donne-la-moi.

Alors le chevalier de la charrette lève son épée et, d'un seul coup, il fait voler la tête de son adversaire sur le sol. Il va ensuite prendre la tête par les cheveux et la tend à la jeune fille. Elle est folle de joie :

– Je te dois une récompense, dit-elle : elle viendra au moment voulu. Je peux t'affirmer que

---

1. Sur-le-champ : immédiatement.
2. Venir à bout de quelqu'un : en finir avec quelqu'un.

tu tireras un grand profit du service que tu me rends aujourd'hui.

Sur ces mots, elle s'éloigne en emportant la tête de l'inconnu.

Tous rentrent alors au manoir et vont se coucher.

***

Le lendemain, à l'aube, le chevalier de la charrette et ses compagnons se lèvent et se préparent. Une fois prêts, ils se remettent en route. Ils chevauchent tout le jour et, vers le soir, ils arrivent au Pont-de-l'épée.

À l'entrée de ce pont effrayant, ils mettent pied à terre et regardent couler l'eau profonde et noire. Puis ils examinent le pont. Il est constitué d'une épée très large et tranchante qui est fixée solidement sur chaque bord de la rivière.

En la voyant, les deux compagnons du chevalier se mettent à trembler de peur.

– Sire, réfléchissez avant de passer ce pont. Il n'est pas trop tard pour revenir sur vos pas.

– Seigneurs, je vous remercie de vous inquiéter pour moi. Cela prouve que vos cœurs sont généreux. Mais sachez que je n'ai pas peur de ce pont et que rien ne me fera reculer.

Il se prépare donc à traverser le pont. Il enlève ses gants et ses chaussures, et s'installe sur l'épée

qui est extrêmement tranchante. Il commence à avancer. Il se blesse les mains, les genoux, les pieds. Sa souffrance est grande mais l'amour qui le conduit calme sa douleur. Il souffre pour sa reine et ne sent plus le mal. Il traverse enfin le pont. Il est heureux de ne pas avoir souffert davantage.

Tandis qu'il sèche avec sa chemise le sang qui coule de ses blessures, il voit devant lui une tour très impressionnante. Le roi Bademagu et son fils, Méléagant, sont accoudés[1] à une fenêtre et ont suivi la traversée du pont. Le roi Bademagu, qui est un homme bon et loyal, a tout de suite admiré l'exploit du chevalier de la charrette, car il sait qu'il faut être un homme exceptionnel pour avoir passé le pont. Méléagant, qui est tout le contraire de son père, est fou de rage en voyant cela, car il sait maintenant qu'il va devoir se battre pour la reine.

– Fils, dit Bademagu à Méléagant, tes yeux ont vu comme les miens l'exploit qu'a réalisé ce chevalier. Tu vois que c'est un homme extraordinaire. Crois-moi, tu dois faire la paix avec lui et lui rendre la reine. Tu dois être bon et ne pas te battre avec lui car tu risques de beaucoup perdre.

– Je dois donc devenir son vassal* : c'est cela que vous voulez. Jamais je ne lui rendrai la reine.

---

1. S'accouder : s'appuyer sur ses coudes.

Je préfère me battre avec cet homme assez fou pour oser venir la chercher !

– Tu ne veux donc pas m'écouter ? dit Bademagu.

– Non.

– Alors, je ne dirai plus rien. Fais ce que tu veux. Je te quitte et je vais parler à ce chevalier. Je veux lui offrir mon aide et mes conseils car, à partir de maintenant, je suis de son côté.

Le roi descend alors dans la cour, fait préparer son cheval et s'éloigne suivi de trois chevaliers et de deux hommes d'armes.

Sans perdre un instant, le roi et ses hommes descendent vers le pont où ils trouvent le chevalier occupé à soigner ses blessures. Le roi descend rapidement de son cheval et lui dit :

– Sire, personne n'a jamais osé réaliser l'exploit que vous venez d'accomplir. Vous pouvez compter sur ma loyauté et ma générosité. Je suis le roi de ce pays et je vous offre, sans la moindre hésitation, toute mon aide. Je crois deviner pourquoi vous êtes ici : vous êtes venu chercher la reine.

– Sire, vous avez raison, répond le chevalier de la charrette ; je ne suis pas venu pour autre chose.

– Ami, n'attendez pas beaucoup de générosité de celui qui l'a amenée ici : il ne vous la rendra pas sans combat. Allez vous reposer et soigner vos blessures pour être prêt à lutter demain.

***

PISTE 13

La nouvelle du combat entre Méléagant et le chevalier inconnu s'est répandue dans tout le pays.

Tous les seigneurs et les dames du royaume se rendent rapidement sur le lieu du combat, au pied du donjon*.

De bon matin, on conduit les deux combattants sur la place. Ils sont armés de pied en cap et montés sur de magnifiques chevaux.

Le roi s'avance vers eux et leur demande une dernière fois de faire la paix, mais il ne parvient pas à convaincre son fils. Alors il les quitte et va retrouver la reine Guenièvre qui lui a demandé de pouvoir assister au combat. L'un et l'autre se placent à une fenêtre du donjon pour pouvoir suivre tout ce qui se passe. Ils sont entourés d'un grand nombre de dames et de chevaliers.

Le combat commence alors. Les deux chevaux se précipitent l'un vers l'autre. Les chevaliers, sous la force des coups, se retrouvent bientôt par terre. Ils se relèvent aussitôt d'un bond et, avec la férocité de deux sangliers[1], ils se donnent de violents coups d'épée. Ils luttent pendant longtemps d'égal à égal. Mais le chevalier de la charrette sent bientôt la force qui abandonne ses mains blessées par

1. Sanglier : porc sauvage, très puissant, qui vit dans les forêts.

le passage du Pont-de-l'épée. Il lutte moins bien. Il semble à tous que Méléagant va gagner le combat.

Accoudée à une fenêtre du donjon, une demoiselle se dit que le chevalier inconnu s'est engagé dans ce combat uniquement pour sauver la reine. Elle pense donc que, s'il la voit à la fenêtre, il reprendra force et courage. Elle s'approche de la reine et lui demande :

– Dame, dans votre intérêt et le nôtre, je vous supplie de me dire le nom de ce chevalier, si vous le savez, et cela dans le seul but de l'aider.

– Demoiselle, je vois que votre demande vient d'une bonne intention ; je vous dirai donc le nom de ce chevalier : il s'appelle Lancelot du Lac.

Alors la jeune fille se penche à la fenêtre et l'appelle par son nom d'une voix si forte que toute la foule l'entend :

– Lancelot ! Retourne-toi et regarde quelle est la personne qui a les yeux fixés sur toi !

En entendant son nom, Lancelot se retourne rapidement et aperçoit, à la fenêtre du donjon, celle pour qui il est prêt à donner sa vie.

Alors ses forces lui reviennent. Il se jette sur Méléagant et lutte avec fureur. Méléagant doit souvent reculer et devient très inquiet. Il ne parvient pas à contrôler les attaques de son ennemi, il est perdu.

Voyant que son fils ne peut plus se défendre, le roi s'avance vers la reine et lui dit :

– Dame, je vous ai toujours respectée. Chaque fois que j'ai pu faire quelque chose pour vous, je l'ai fait. En échange, je vais vous demander un grand service : je désire que Lancelot ne tue pas mon fils. Demandez à Lancelot de lui faire grâce, je vous en supplie.

– Beau sire, puisque vous le voulez, j'accepte, dit la reine, et je veux bien que Lancelot ne tue pas Méléagant.

Elle prononce ces derniers mots à haute voix et Lancelot et Méléagant les entendent. Lancelot obéit aussitôt à la dame de son cœur et cesse le combat. Méléagant, fou de rage en entendant qu'il est dominé, se met à frapper Lancelot avec violence. Le roi descend aussitôt du donjon et dit à son fils :

– Comment oses-tu le frapper maintenant ? Tu es vraiment trop cruel et orgueilleux.

Et il ordonne à ses barons de faire reculer Méléagant, ce qu'ils font aussitôt. Puis il parle à nouveau avec son fils.

À force de discuter, ils parviennent à un accord que la reine et Lancelot acceptent : Méléagant rend la reine à Lancelot, mais dans un an, jour pour jour, Lancelot devra se battre à nouveau avec lui, à la cour du roi Arthur.

Une fois l'accord entre les deux ennemis conclu, ils sont séparés et désarmés.

***

Grâce à sa victoire, Lancelot a délivré la reine mais aussi tous les prisonniers qui vivaient dans le royaume de Gorre. Ils sont tous fous de joie et remercient Lancelot.

Méléagant ayant quitté le lieu du combat, Lancelot prie le roi de le conduire auprès de la reine, ce que Bademagu fait aussitôt.

En les voyant arriver, la reine s'incline devant le roi puis, prenant la main de Lancelot, elle le fait asseoir près d'elle. Le roi se retire alors et Lancelot et Guenièvre, enfin seuls, peuvent parler de tout ce qu'ils veulent. Lancelot aimerait lui dire plus de choses, malheureusement l'endroit n'est pas idéal car quelqu'un peut venir à tout moment.

– Madame, dit Lancelot à Guenièvre, il ne m'est pas possible de vous parler ici comme je le voudrais. Et je serais heureux de pouvoir le faire plus librement, si cela se pouvait.

La reine lui montre alors une fenêtre et lui dit :

– Venez me parler à cette fenêtre, cette nuit, quand tout le monde sera endormi. Vous passerez par ce verger[1]. Je serai à l'intérieur et vous dehors. Pour l'amour de vous, je resterai à cette fenêtre jusqu'au lever du jour si cela vous fait

1. Verger : jardin planté d'arbres fruitiers.

plaisir. Mais surtout, lorsque vous viendrez, faites bien attention à ne pas être vu.

– Dame, répond Lancelot, personne ne me verra, vous pouvez être tranquille.

Leur rendez-vous pris, ils se quittent dans la joie.

Lancelot attend avec impatience que la nuit tombe. Il est si heureux qu'il ne sent plus ses blessures. Son seul désir maintenant est d'être auprès de Guenièvre.

La nuit arrive enfin, une nuit sans lune et sans étoiles. Lancelot sort discrètement de sa chambre, traverse le verger et s'approche de la fenêtre où la reine apparaît bientôt.

Quand Lancelot voit Guenièvre appuyer la tête contre les barreaux de fer qui ferment la fenêtre, il la salue avec des mots très tendres et elle lui répond avec d'autres mots aussi tendres, car un commun désir les entraîne lui vers elle et elle vers lui. Ils se tiennent par la main. Ils sont malheureux de ne pouvoir être encore plus près l'un de l'autre. Lancelot demande alors à la reine la permission d'entrer dans sa chambre. La reine accepte, mais comment faire, avec ces barreaux ?

– Dame, ne vous inquiétez pas, je crois pouvoir les arracher sans peine et sans faire de bruit.

La reine se retire dans la chambre et Lancelot parvient, sans trop de peine, à arracher les barreaux de la fenêtre. Il entre dans la chambre et s'approche de la reine qui s'est étendue sur son lit. Il s'incline devant elle mais Guenièvre lui tend les bras et le serre bien fort contre son cœur, l'attirant dans son lit, tout près d'elle. C'est Amour qui la pousse à cet accueil charmant ; mais si elle l'aime d'un amour profond, lui l'aime cent mille fois plus. Maintenant, Lancelot possède tout ce qu'il désire puisque la reine est heureuse en sa compagnie, puisqu'il la tient entre ses bras et qu'elle-même le serre contre son cœur.

Quand apparaissent les premières lueurs du jour, il est très dur aux deux amants de se séparer, mais il le faut et Lancelot, les yeux pleins de larmes, quitte sa reine.

***

Lancelot, malgré son amour, n'oublie pas messire Gauvain.

Le lendemain, il vient donc trouver le roi et la reine pour leur demander la permission de partir à sa recherche. Avec leur accord, il prend le chemin du Pont-sous-les-eaux, suivi d'une foule de chevaliers.

Après avoir longtemps chevauché, ils arrivent près de ce terrible pont. Un nain, monté sur un grand cheval de chasse, vient à leur rencontre et leur demande :

– Lequel d'entre vous est Lancelot ? Dites-le-

moi sans peur, car je suis des vôtres.

Lancelot lui répond lui-même :

– Je suis celui que tu cherches.

– Ha ! Lancelot, noble chevalier, laisse ces gens et viens tout seul avec moi car je veux t'emmener dans un lieu très agréable. Que tes compagnons t'attendent ici : nous reviendrons bientôt.

Lancelot, confiant, dit à ses hommes de rester là et suit le nain. Mais les chevaliers restent longtemps à l'attendre et ne savent que faire en voyant qu'il ne revient pas. Ils comprennent bientôt que Lancelot a été attiré dans un piège et ils décident de partir à sa recherche. Mais ils ne le trouvent pas. Alors ils se rendent au Pont-sous-les-eaux. Là, ils aperçoivent aussitôt Gauvain : il est tombé dans l'eau profonde de la rivière et ne peut revenir sur la rive. Il apparaît à la surface de l'eau puis disparaît et ne peut sortir de cette situation. Les chevaliers, après bien des difficultés, parviennent à le sortir de l'eau. Gauvain, épuisé, s'étend sur l'herbe et reste un long moment à se reposer. Puis il se relève et, d'une voix faible, il demande des nouvelles de la reine.

– Elle est délivrée et nous tous avec elle, disent les chevaliers. Lancelot du Lac a traversé le Pont-de-l'épée et il l'a sauvée. Mais un horrible nain vient d'enlever Lancelot et nous ne savons pas ce qu'il a fait de lui.

– Mais quand cela ? demande Gauvain.

– Aujourd'hui même, sire ; tout près d'ici, alors que Lancelot et nous venions vous chercher.

– En quittant ce pont, irons-nous à la recherche de Lancelot ? demande Gauvain.

Les chevaliers répondent qu'il vaut mieux rentrer au château pour avertir la reine ; le roi lui-même fera rechercher Lancelot car ils pensent tous que c'est Méléagant, son fils, qui a fait enlever leur ami.

Ils reprennent la route et arrivent bientôt au château de Bademagu.

Le roi et la reine sont très tristes d'apprendre la nouvelle de la disparition de Lancelot. La reine demande au roi de le faire rechercher dans tout le royaume. Messire Gauvain appuie sa demande.

Le lendemain, alors que tous les chevaliers qui vont partir à la recherche de Lancelot sont réunis dans la grande salle du château, un jeune homme entre et s'approche de la reine ; Guenièvre a perdu son teint rose car elle est si malheureuse de n'avoir pas de nouvelles de Lancelot qu'elle est devenue très pâle.

Le jeune homme la salue, puis salue le roi qui se trouve près d'elle et messire Gauvain. Il tient à la main une lettre qu'il tend au roi. Sa lecture leur apprend que Lancelot se trouve à la cour du roi Arthur, qu'il est en très bonne santé et qu'il prie Gauvain et la reine de prendre le chemin du retour. C'est ce qu'ils décident alors de faire.

***

PISTE 16

Pendant toute la semaine qui suit, la reine et tous ceux qui l'accompagnent chevauchent sans prendre de repos.

La nouvelle arrive bientôt à la cour du roi Arthur que la reine est sur le chemin du retour. Arthur est heureux de la revoir et de revoir aussi Gauvain, son neveu, qu'il veut remercier grandement car il pense que c'est lui qui a sauvé la reine.

Tous les habitants de la ville se précipitent à leur rencontre. En les voyant arriver, les chevaliers s'écrient :

– Bienvenue à messire Gauvain qui nous ramène la reine et qui a délivré tous les prisonniers.

Mais Gauvain leur répond :

– Seigneurs, je ne suis pour rien dans cet exploit. C'est Lancelot qui a sauvé la reine et tous les prisonniers.

– Mais où est-il donc, cher seigneur, puisqu'il n'est pas avec vous ?

– Où ? répond aussitôt messire Gauvain, mais à la cour du roi Arthur ! Voulez-vous dire qu'il n'y est pas ?

– Non ! Ni nulle part dans le pays. Depuis que madame la reine a été emmenée d'ici, nous n'avons pas eu de nouvelles de lui.

Messire Gauvain comprend alors que la lettre est fausse et qu'on s'est moqué d'eux. Le cœur plein de tristesse, ils se dirigent tous vers le château du roi Arthur.

***

Comme on le suppose, c'est Méléagant qui a tendu le piège à Lancelot et qui l'a fait prisonnier. Mais comme il se méfie de lui, pour être sûr qu'il ne va pas s'échapper, il fait construire, au bord de la mer, dans un endroit isolé, une tour très haute, avec des murs épais. Quand elle est terminée, il y fait amener Lancelot et l'enferme.

Puis il ordonne de murer[1] les portes et laisse une petite fenêtre comme seule ouverture. C'est par elle que l'on donne de temps en temps à manger à Lancelot.

Une fois qu'il a réalisé tout ce qu'il voulait faire, Méléagant se rend à la cour du roi Arthur où il arrive bientôt. Il se précipite devant le roi et lui dit :

– Roi, j'ai juré de me battre devant toi, à ta cour ; mais je n'y vois pas Lancelot et c'est pourtant contre lui que je dois me battre. S'il est ici, qu'il s'avance et qu'il déclare tenir sa promesse dans un an.

– Ami, lui répond le roi, nous sommes sans nouvelles de Lancelot et cela nous inquiète beaucoup.

– Sire roi, répond Méléagant, Lancelot m'a

1. Murer : fermer par un mur.

assuré que je le trouverais ici. Je lui ordonne de tenir sa promesse de se battre avec moi dans un an, à partir d'aujourd'hui.

En entendant cela, Gauvain, agacé, se lève d'un bond et déclare :

– Sire, en ce qui concerne Lancelot, il ne se trouve nulle part en ce royaume mais nous le ferons chercher et nous espérons le retrouver avant un an, à moins qu'il ne soit mort ou emprisonné. S'il ne réapparaît pas, accordez-moi ce combat ; au jour dit, je serai armé de pied en cap et me battrai à la place de Lancelot.

– Bien, dit Méléagant, mais vous devez savoir que je n'accepterai aucun autre chevalier le jour du combat.

Et, sans plus attendre, Méléagant quitte la cour du roi Arthur pour revenir trouver son père, le roi Bademagu.

– Sire, lui dit Méléagant, je reviens de la cour du roi Arthur. J'ai demandé et cherché Lancelot pour lui rappeler notre accord, mais je ne l'ai pas trouvé. Il a dû fuir et se cacher quelque part ! Il sait que je suis le plus fort ! Alors je suis revenu ici avec le serment de Gauvain : si Lancelot n'apparaît pas dans un an, c'est lui qui se battra à sa place.

– Mon fils, dit Bademagu, pourquoi es-tu allé à la cour d'Arthur ? Par provocation ? Tu avais la promesse de Lancelot, cela ne te suffisait pas ? Tu es un être méchant et sans courage.

En entendant ces mots, Méléagant est fou de colère.

– Je viens vous trouver comme un fils vient voir son père et voilà que vous m'insultez. Pourriez-vous me dire pourquoi vous agissez ainsi ?

– Oui, mon fils, car je ne vois rien de bon en toi, si ce n'est colère et folie. Comment peux-tu penser que Lancelot, ce modèle de la chevalerie, s'est enfui parce qu'il a peur de toi ! Peut-être qu'il est enfermé dans une prison et qu'il ne peut plus en sortir ? S'il est blessé à mort, j'en serais très triste car ce serait une grande perte pour tous. Jamais je n'ai rencontré un être si beau, si vaillant et si noble, et j'espère de tout mon cœur qu'il va bientôt réapparaître.

Puis Bademagu se tait.

Une des filles de Bademagu, qui n'est autre que la jeune fille à qui Lancelot a donné la tête de son ennemi, a entendu cette conversation. Connaissant son frère, elle devine tout de suite qu'il a fait prisonnier le noble chevalier et elle décide de partir à sa recherche.

En quittant la cour, montée sur une mule[1], elle ne sait pas dans quelle direction aller. Elle prend

1. Mule : résultat du croisement d'un âne avec une jument.

le premier chemin qu'elle trouve et s'en va rapidement. Elle se donne beaucoup de mal, s'active, mais sa tâche est difficile. Elle ne peut pas se reposer ni rester trop longtemps dans un même lieu, car le temps presse. Un mois passe ainsi et elle ne sait toujours pas où se trouve Lancelot. Elle a déjà parcouru un grand nombre de chemins mais elle ne veut pas perdre espoir.

Un jour qu'elle traverse un champ, triste et pensive, elle voit au loin, au bord de la mer, une tour isolée. Autour, il n'y a ni maison ni manoir. C'est la tour que Méléagant a fait construire. La demoiselle n'en sait rien, mais elle a l'impression que c'est ce qu'elle cherche depuis si longtemps.

Elle s'approche de la tour jusqu'à la toucher. Elle en fait le tour en tendant l'oreille. Elle l'examine attentivement et se demande pourquoi il n'y a ni porte ni fenêtre, sauf une seule, petite et étroite. La demoiselle se dit que cela est voulu et que Lancelot est sûrement à l'intérieur. Elle est sur le point d'appeler Lancelot par son nom, lorsqu'elle entend quelqu'un qui, dans la tour, se lamente à grands cris.

– Il y a si longtemps que je suis enfermé dans cette tour ! Pourquoi personne n'est venu à mon secours ? Ce Méléagant est vraiment l'être humain le plus mauvais de tous ! Plus rien de bon ne peut m'arriver maintenant. Je vais mourir ici et je ne reverrai plus celle qui est tout pour moi.

La demoiselle, qui est sûre maintenant d'avoir atteint son but, l'appelle d'une voix forte :

– Lancelot, ami, si vous êtes là-haut dans cette tour, répondez à l'appel d'une amie.

Mais celui qui est prisonnier dans la tour ne l'entend pas. Alors la demoiselle crie de plus en plus fort et Lancelot finit par l'entendre. Il se demande qui l'appelle ainsi. Il pense que c'est un fantôme. Il regarde tout autour de lui, mais il est bien seul dans la tour.

– Dieu, dit-il, quelle est cette voix que j'entends ? Quelqu'un parle et je ne vois personne. Cela est bien étrange ! Pourtant je ne dors pas ; j'ai les yeux bien ouverts.

Alors, avec beaucoup de peine, il se lève et se dirige lentement vers la petite fenêtre. Là, il regarde attentivement dehors et voit enfin celle qui l'appelle. Il ne sait pas qui elle est mais du moins il la voit. Elle, par contre, le reconnaît bien.

– Lancelot, lui dit-elle, je suis venue de très loin pour vous chercher. Maintenant, Dieu merci, je vous ai trouvé. Je suis celle qui, un jour, vous a demandé une faveur : la tête de ce chevalier que vous avez vaincu et que je détestais. C'est pour vous remercier de ce service que je suis ici et que je vous sortirai de cette tour.

– Grand merci, demoiselle, répond le prisonnier. Je serai bien récompensé du service que je vous ai rendu si, grâce à vous, je sors d'ici.

La fille du roi Bademagu cherche alors un pic et le fait aussitôt passer à Lancelot qui se met à abattre le mur. Après bien des efforts, il peut enfin sortir de sa prison.

Lancelot est donc libre mais il est si fatigué qu'il a des difficultés à marcher. Avec une grande douceur, pour éviter de lui faire mal, la demoiselle le fait monter devant elle sur sa mule et ils s'éloignent rapidement.

La demoiselle le conduit à un manoir où elle a des amis et Lancelot y reste quelques jours pour se reposer.

Un jour, il dit à la demoiselle :

– Amie, vous m'avez sauvé et je vous en serai à jamais reconnaissant. Vous avez tant fait pour moi que je suis entièrement vôtre. Mais il y a longtemps que je ne suis pas allé à la cour d'Arthur, mon seigneur, et je dois y retourner.

– Lancelot, cher et tendre ami, partez, car votre place est là-bas.

Elle lui donne un magnifique cheval et Lancelot part aussitôt pour le royaume de Logres.

***

Lancelot est heureux de retourner à la cour du roi Arthur. Mais il ne cesse de penser à Méléagant et il a hâte de se battre avec lui pour se venger de tout le mal qu'il lui a fait.

Ce jour-là, Méléagant se rend lui aussi à la cour du roi Arthur. Quand il arrive, il demande aussitôt à voir messire Gauvain. Une fois en présence de Gauvain, l'hypocrite demande des nouvelles de Lancelot et si on l'a retrouvé, alors qu'il sait parfaitement où il est. Gauvain lui répond qu'en vérité il n'a pas revu Lancelot et qu'il n'est pas revenu.

– Alors, puisque je vous trouve, vous, vous allez me tenir votre promesse car je ne vais pas attendre plus longtemps.

– Parfait, dit Gauvain, je vais tenir ma promesse immédiatement.

Il va s'armer et revient, prêt à se rendre sur le lieu du combat. Il monte sur son cheval et commence à chevaucher. C'est alors qu'il voit arriver devant lui Lancelot. Fou de joie, il arrête son cheval, saute à terre et va embrasser son compagnon.

Le roi apprend aussitôt le retour de Lancelot et court à sa rencontre. Tous les barons et les chevaliers sont heureux de revoir le vaillant jeune homme. Et la reine ? Ne participe-t-elle pas à la joie générale ? Si, bien sûr, elle est au tout premier rang !

Lancelot raconte au roi et à tous ses amis ce qui lui est arrivé. Il n'a plus qu'un désir, en finir avec le cruel Méléagant. Gauvain lui donne alors ses armes et Lancelot, suivi de tous, se rend sur le lieu du combat.

Une fois arrivé, Lancelot s'avance au galop vers Méléagant, s'arrête devant lui et déclare :

– Le moment est enfin venu de nous battre mais sachez que, cette fois, je ne vous épargnerai[1] pas.

Le combat commence alors. Ils se battent à grands coups de lance. Ils sont tous les deux forts et excellents combattants. Bientôt, ils se retrouvent à terre et poursuivent leur combat avec leurs grandes épées tranchantes. Ils se donnent tous les deux de terribles coups mais Lancelot manie[2] mieux l'épée que son adversaire. Méléagant perd bientôt du terrain[3]. Lancelot ne cesse de le faire reculer. Il a l'avantage. D'un coup rapide, il tranche le bras droit de Méléagant. Se sentant ainsi blessé, Méléagant se jure bien qu'il le fera payer très cher à Lancelot. Il se précipite sur lui mais Lancelot s'attend à cette réaction. Il lève son épée et lui tranche la tête. Jamais plus Méléagant ne lui fera de mal : il tombe mort. Tout est fini pour lui. Les spectateurs laissent alors éclater leur joie et se précipitent sur Lancelot pour le désarmer et le ramener en triomphe au château.

---

1. Épargner quelqu'un : être indulgent avec quelqu'un, pardonner à quelqu'un.
2. Manier : tenir en main, manipuler.
3. Perdre du terrain : aller moins vite que son adversaire.

C'EST ICI que prend fin le roman. Godefroi de Leigni a écrit la fin de cette histoire. Il l'a fait avec l'accord de celui qui avait commencé le récit. Son travail commence au moment où Lancelot est emprisonné dans la tour et se termine avec la fin du conte.

Le monde féodal (du Xe au XIVe siècle en France)

Baron : c'est ainsi qu'était désigné tout grand seigneur de l'époque.

Chausse : vêtement des hommes ; sorte de culotte qui allait jusqu'aux genoux.

Chevalier : noble admis dans l'ordre de la chevalerie dont les règles sont les suivantes : être courageux, courtois, loyal et généreux.

Donjon : tour principale qui domine le château fort.

Écu : bouclier des hommes d'armes.

Épée : arme blanche formée d'une lame tranchante et droite.

Haubert : chemise faite en anneaux de fer unis les uns aux autres (les mailles) que portaient les hommes d'armes.

Heaume : grand casque qui enveloppe la tête et le visage et que portaient les hommes d'armes.

Lance : arme à long manche de bois, terminée par une pointe en fer.

Manoir : maison d'un seigneur.

Messire : c'est ainsi qu'on nommait les grands seigneurs.

Officier de bouche : domestique.

Sénéchal : officier de la cour chargé de présenter les plats; titre donné ensuite à certains grands officiers seigneuriaux.

Serment : promesse.

Sire : titre donné à un roi quand on lui parle et aussi à certains grands seigneurs.

Table Ronde : dans les romans du *cycle breton*, une fois par an, le roi Arthur réunit l'ensemble de ses chevaliers autour d'une table ronde pour qu'ils soient tous à égalité.

Vassal : homme lié personnellement à un seigneur, à un roi qui lui confiait un domaine (fief) en échange de certains services.

Vavasseur : vassal d'un seigneur qui est lui-même vassal d'un autre seigneur (on dit aussi arrière-vassal).

1) Répondre par vrai ou faux.

a) Au début du roman, le festin donné par le roi Arthur a lieu un jour de l'An.

b) La charrette sert à transporter des personnes qui ont réalisé de grands exploits.

c) Gauvain accepte de monter dans la charrette.

d) Lancelot trouve le peigne de Guenièvre.

e) Lancelot choisit de prendre le Pont-sous-les-eaux pour entrer dans le royaume de Bademagu.

f) Le roi Bademagu n'approuve pas l'attitude de son fils.

g) La reine Guenièvre fait un accueil chaleureux à Lancelot.

h) Guenièvre délivre Lancelot de la tour où il est emprisonné.

i) Le deuxième combat entre Lancelot et Méléagant a lieu à la cour du roi Arthur.

j) Un autre écrivain a achevé le roman de Chrétien de Troyes.

2) Chercher l'intrus.

roi - comte - baron - seigneur - paysan

cheval - mouton - âne - mule

mer - pré - rivière - fleuve - lac

avocat - moine - curé - évêque - pape.

3) Trouver, dans cette grille, les mots suivants.

écu - heaume - haubert - lance - épée - combat.

G	N	Q	V	Y	K	I	G	R	B
K	U	H	T	W	L	K	U	S	I
R	Z	M	E	B	H	C	D	X	S
T	T	E	B	A	A	P	W	O	M
N	V	D	F	I	U	J	I	A	B
L	N	P	W	O	B	M	U	T	T
A	H	M	G	X	E	P	E	E	L
N	K	C	L	N	R	R	S	J	F
C	O	M	B	A	T	P	I	U	X
E	C	U	L	Z	R	O	Y	N	S

4) Dans cette grille, placer le nom de quatre grands chevaliers.

5) Choisir la bonne réponse.

Keu est :

❒ chevalier

❒ sénéchal

❒ baron

Gauvain est le :

❒ fils du roi Arthur

❒ cousin du roi Arthur

❒ neveu du roi Arthur

Gauvain choisit de franchir le :

❒ Pont-sous-les-eaux

❒ Pont-sur-les-eaux

❒ Pont-dans-les-eaux

Les cheveux de Guenièvre sont :

❒ bruns

❒ blonds

❒ châtains

La nuit d'amour, pour rejoindre la reine, Lancelot doit traverser un :

❒ verger

❒ lac

❒ pré

6) Reconstituer cinq mots du texte à partir des syllabes suivantes.

VAS - CHE - DA - MOI - RON - DE - LIER - BA - SAL - VA - ME - SELLE

7) Compléter le texte suivant avec les mots donnés ci-dessous.

dîner - *chevauchent* - *conduit* - *nuit* (2 fois) - *repos* - *fatigués* - *voyage* - *aventure* - *route*

Ils .... tout le jour sans rencontrer une seule .... Le soir, ... et affamés, ils décident de passer la .... dans une auberge. On leur sert un succulent .... puis on les .... à leur chambre. Après une bonne .... de ...., ils sont prêts à reprendre leur .... et espèrent atteindre bientôt le but de leur ....

Solutions

1) a) faux ; b) faux ; c) faux ; d) vrai ; e) faux ; f) vrai ; g) vrai ; h) faux ; i) vrai ; j) vrai.

2) paysan ; mouton ; pré ; avocat.

4) 1. Yvain 2. Lancelot 3. Perceval 4. Gauvain.

5) sénéchal ; neveu ; Pont-sous-les-eaux ; blonds ; verger.

6) chevalier - vassal - dame - demoiselle - baron.

7) chevauchent... aventure... fatigués... nuit... dîner... conduit... nuit... repos... route... voyage.

Édition : Martine Ollivier

Couverture : Michèle Rougé
Illustration de couverture : Dominique Hé
Coordination artistique : Catherine Tasseau

Illustrations de l'intérieur : Dominique Hé

Réalisation PAO : Marie Linard

N° de projet 10184811 - Décembre 2011
Imprimé en France par l'Imprimerie France Quercy - 46090 Mercuès
N° d'impression : 12176A